Dear Nuala, we will have fun building Par... 05.

Pop·up Par

DAVID GRIFFITHS

Chantilly & The Louvre Museum, Paris.

ENGLISH TEXT GERALD JENKINS

TEXTE FRANÇAIS BERNARD LANGLOIS

TARQUIN PUBLICATIONS

PARIS

Paris, a city to study in

In the late 12th century, on the left bank of the Seine, just across the river from Notre Dame, the reputation of Paris as a centre of learning began to grow and students came from far and wide. In 1257 the college of the Sorbonne was founded and the University was considered by many to be 'the intellectual centre of Christendom'. This district became known as 'The Latin Quarter', because Latin was the language which was spoken there right up to the Revolution.

Paris, ville universitaire

A la fin du 12ème siècle, sur la rive gauche de la Seine, la réputation grandissante de Paris attira des étudiants qui vinrent de très loin. En 1257 fut fondée la Sorbonne, beaucoup la considérait comme le centre intellectuel du Christianisme. Cette partie de la ville fut appelée "Le Quartier Latin" car on y parla cette langue jusqu'à la Révolution.

Paris, a city to visit

Today, people still come to Paris to study, but they also come for many other reasons too. It is an attractive city in so many ways and is still renowned as a great centre of culture, learning, music and art. We hope that this book, written in both English and French, is able to capture something of the atmosphere of this marvellous and lively city and that it will encourage you to explore and get to know what it has to offer.

Paris, ville touristique

Aujourd'hui, on vient encore étudier à Paris, mais on vient aussi pour d'autres raisons. C'est une ville fascinante par bien des aspects et qui est restée un centre d'influence en matière de savoir, d'art et de musique. Nous souhaitons que ce livre, écrit à la fois en anglais et en français, soit en mesure de traduire quelque peu l'atmosphère de cette cité merveilleusement animée. Nous espérons qu'il vous incitera à explorer et à découvrir tout ce qu'elle peut vous offrir.

I.S.B.N. 0 906212 31 6

FRENCH : BERNARD LANGLOIS
DESIGN : BARRY JONES
PRINTING : ANCIENT HOUSE PRESS, IPSWICH.

TARQUIN PUBLICATIONS
STRADBROKE
DISS
NORFOLK IP21 5JP
ENGLAND.

PARIS

Paris, a city to live in

One of the factors which gives Paris its very special atmosphere is that people still live in the very centre. There are innumerable flats, apartment blocks and small hotels and because of this, many small shops remain. In every district you will find bakers, butchers, greengrocers etc., open till late, and in many places colourful street markets as well. People like to eat out, so there is a marvellous choice of restaurants, cafés and bars of all kinds. There is also plenty of evening entertainment, and many cinemas, theatres, concerts and music halls.

Paris, ville habitée

Le centre de la Capitale est encore habité, ce qui donne à Paris une atmosphère très particulière. En effet, on trouve ici de nombreux appartements et des hôtels, ce qui permet aux petits commerces de se maintenir. Dans chaque quartier, vous trouverez des boulangeries, des boucheries et des épiceries ouvertes tard le soir, ainsi que des marchés colorés. Les Parisiens adorent dîner en ville aussi trouve-t-on un choix remarquable de restaurants, de bars et de cafés en tout genre. Pour le soir, il y a également beaucoup de spectacles ; des cinémas, des théâtres, des concerts et des music-halls.

Paris, a city to relax in

Paris is also a city for people who are not in a hurry. There are green parks and shady squares, tree lined boulevards and palace gardens, gushing fountains and quiet corners. There are places to rest and places to play, places to talk and places to study in. Places just to be.

Paris, ville de détente

Paris sait aussi plaire aux gens calmes. Il y a des parcs verdoyants, des places ombragées et des boulevards bordés d'arbres. On y découvre des jardins, des palais, des fontaines jaillissantes, ainsi que des endroits calmes. Ici chacun peut se détendre, mais aussi s'amuser, bavarder, étudier ou simplement être là pour le plaisir.

Paris, a city to wonder at

The Eiffel Tower is perhaps the best known of all the sights of Paris. When Gustave Eiffel built it for the great exhibition of 1889, many people thought it was a monstrosity and feared that there would be a dreadful accident when it collapsed. The steelwork weighs 7000 tons, which may sound a lot, but the tower does stand on a base which is 100 metres square and it is more than 300 metres high. In fact it weighs just about the same as a cylinder of air which encloses its base and reaches up to the top. Now, a century later, it is still a great attraction, and it still stands! Look up from under the centre of the base, or go up to one of the three platforms if you can. The views are remarkable, both of the whole of Paris laid out beneath you and of the tower you are standing on.

Paris, ville incroyable

La Tour Eiffel est sans doute le monument le plus célèbre de Paris. Lorsque Gustave Eiffel la construisit pour l'exposition de 1889, beaucoup pensèrent qu'elle était monstrueuse, et que ce serait une véritable catastrophe lorsqu'elle s'écroulerait. La structure métallique pèse sept mille tonnes, ceci peut paraître énorme, mais la Tour repose sur une base de cent mètres de côté et s'élève à plus de trois cents mètres. En réalité, elle pèse autant qu'un cylindre rempli d'air qui aurait la même base et atteindrait la même hauteur. Aujourd'hui, un siècle plus tard, c'est toujours une grande attraction et elle est encore debout. Placez-vous juste sous la Tour, bien au centre, et levez les yeux, ou montez à l'un des trois étages, le point de vue est remarquable, tout Paris est à vos pieds.

GENERAL INSTRUCTIONS — How to make your own Pop-Up Book

With this book you can have all the fun of constructing six pop-up scenes and making for yourself an interesting souvenir which tells the story of Paris in both English and French.

TYPE OF GLUE

We particularly recommend a petroleum based glue like UHU or Bostick Clear. Good results can also be obtained with a white latex glue like Copydex. DO NOT USE a water based glue or paste which will cause the pages to buckle. If in doubt, do a small trial first.

SCORING

Paper is scored so that it will fold cleanly and pop-up crisply. The best method is to rule along the score lines with a ball-point pen which has run out of ink. Experienced model makers can use a craft knife, but it needs care not to cut right through the paper. Scoring is very important.

HOW TO PREPARE THE BASES

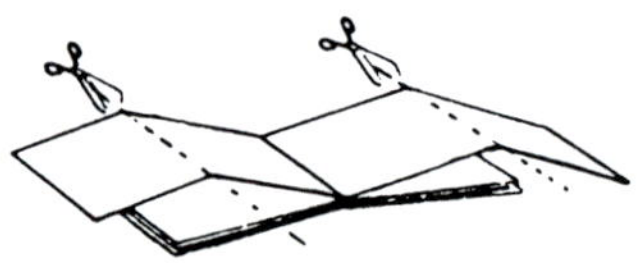

You will see that some pages of this book are folded in an unusual way to give what are called 'wings' and on them are the pieces you need to make the pop-up scenes.

1. Open out the 'wings' and then cut them off along the folds. Cut off all 12 'wings'.
2. You will see at the back of the book a page of minicovers. Remove it from the book by cutting along the printed 'cut' line.
3. You now have a book with a single blank page opposite the instructions, a single blank page opposite the instructions at the back and five pairs of facing blank pages.
   The next step is to glue each of the pairs of facing blank pages back to back to double the strength of the bases of the scenes.
4. Spread glue smoothly about 1-1½ cm. wide all round the edge on one of each pair. The blue tone on this page shows roughly the extent of glue need. Gently press the pages together, starting at the spine and smooth outwards from the centre.
5. When all five pairs are done, the bases of scenes 2,3,4,5, are ready and you can make up these scenes. See the instructions at the back of the book.
6. When scenes 2,3,4,5 are complete and these instructions are no longer needed, spread glue on the blue tone on this page and then glue it to the blank page opposite. Then you can make Scene 1.
7. When you have made up all the other scenes or do not need those instructions any more, glue the blank back page similarly. Then complete Scene 6.

HOW TO ASSEMBLE EACH SCENE

For the meaning of the symbols and the instructions for making each scene, turn to the corresponding page at the back of the book.

RECOMMANDATIONS Voici comment assembler votre livre 'pop-up'.

Avec lui vous aurez l'immense joie de construire six scènes 'pop-up' et de vous constituer un passionnant souvenir qui retrace l'histoire de Paris en français et en anglais.

QUEL TYPE DE COLLE CHOISIR?

Nous vous recommandons les colles chimiques du type UHU ou SCOTCH. La colle COPIDEX (latex blanc) donne aussi de bons résultats. NE PAS UTILISER les colles blanches à l'eau qui gondolent le papier. En cas de doute, faites toujours un petit essai.

MARQUAGE DES PLIS

Pour que les scènes se redressent bien, on doit marquer tous les plis. Le mieux est d'utiliser un stylo bille vide et une règle, et de bien marquer les lignes de pliage. Les plus expérimentés peuvent utiliser un cutter, mais il faut prendre soin de ne pas traverser le papier. Le MARQUAGE des plis est ***important****.*

COMMENT PREPARER LES BASES

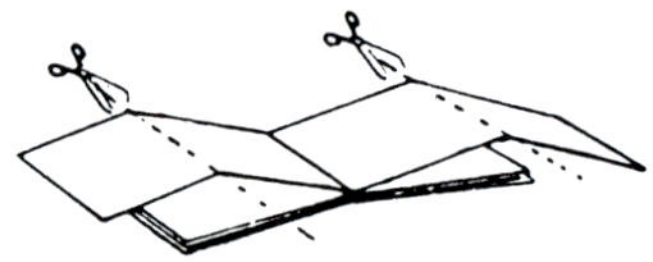

Vous verrez que ce livre comporte des doubles pages sur les rabats desquelles figurent les éléments dont vous aurez besoin pour les scènes des 'pop-ups'.

1. *Dépliez complètement les doubles pages et découpez-les le long du pli.*
2. *A la fin du livre se trouve une page de mini-couvertures. Découpez cette page en suivant la ligne noire.*
3. *Votre livre se présente maintenant avec une page blanche face aux recommandations, une autre page blanche face aux conseils à la fin du livre, et cinq fois deux pages blanches se faisant face. Il s'agit maintenant de coller les pages blanches les unes aux autres pour renforcer les bases de chaque scène.*
4. *Etalez la colle sur une bande de 1 à 2 cm de large autour de l'une des deux pages. La bande bleue sur cette page indique la quantité approximative de colle nécéssaire. Pressez ensuite les deux pages l'une sur l'autre, à partir du centre en allant vers les bords.*
5. *Une fois les dix pages collées, les bases des scènes 2,3,4,5 sont prêtes et vous pouvez maintenant assembler ces scènes. Reportez- vous aux conseils à la fin du livre.*
6. *Quand vous aurez terminé les scènes 2,3,4,5, les présentes recommandations ne seront plus nécessaires, étalez alors la colle sur la bande bleue de cette page et pressez la sur la page blanche ci-contre. Assemblez la scène 1.*
7. *Quand toutes les scènes sont terminées ou si vous n'avez plus besoin de ces recommandations, collez la page blanche à la fin du livre de la même façon et construisez la scène 6.*

COMMENT ASSEMBLER CHAQUE SCENE.

Pour comprendre les symboles et voir les conseils d'assemblage de chaque scène reportez-vous à la page correspondante à la fin du livre.

LE PALAIS DU LOUVRE

This gigantic palace, which was under construction for more than 600 years, never really became established as the place where the King lived. Gradually it evolved into one of the great museums of the world. Gallery after gallery is filled with treasures from all over the world. Especially well known are the antiquities from the Middle East and Persia , where much of the excavation work was done by French archaeologists. There is also a large Egyptian collection, inspired by Napoleon's expedition to Egypt. Among the many Greek and Roman exhibits is the famous 'Venus de Milo'. The most famous painting is the 'Mona Lisa' by Leonardo da Vinci. So large is the museum that it is best to make several short visits. Entry is free on Sundays.

Cet immense Palais, dont la construction dura 600 ans, ne devint jamais vraiment un lieu de résidence pour les Rois. Peu à peu, il fut transformé en l'un des plus grands musées au monde. Chacune des salles est remplie de trésors venus du monde entier. L'une des plus connues est celle consacrée au Moyen-Orient et à la Perse où la plupart des fouilles furent menées à bien par des archéologues français. Est exposée également une importante collection égyptienne rapportée par Napoléon lors de la campagne d'Egypte. Parmi les nombreuses pièces Grecques et Romaines figure la célèbre "Vénus de Milo". Le plus connu des tableaux est "La Joconde" de Léonard de Vinci. Ce musée est si vaste qu'il est souhaitable de le visiter en plusieurs fois. L'entrée est gratuite le dimanche.

PALAIS-ROYAL

The gardens at the centre of this former palace of Cardinal Richelieu were once a busy and noisy place. Now the crowds have gone and only a few shops selling coins and stamps remain within the arcades. The interior of the palace is not open to visitors.

Les jardins de ce palais du Cardinal de Richelieu furent autrefois très animés. Aujourd'hui, la foule a quitté les lieux et seules restent, sous les arcades, quelques boutiques pour collectionneurs de timbres-poste et de pièces de monnaie. Malheureusement on ne peut visiter que l'extérieur.

A

L'OPERA

This astonishingly elaborate building was completed in 1865. The whole interior is magnificient, but it can only be seen by going to a performance and then walking about during the interval.

Ce monument richement décoré fut achevé en 1865. L'intérieur est magnifique, mais on ne peut le voir que lors d'une représentation, en se promenant pendant l'entracte.

E

JARDIN DES TUILERIES

These former royal gardens provide a welcome open space for the people of Paris. There are shady walks and two pools where small children sail boats.

Ces anciens jardins royaux accueillent maintenant les promeneurs parisiens. Il y a des allées ombragées et deux bassins où les enfants jouent avec leurs bateaux.

C

SCENE 1 *LA RIVE DROITE*

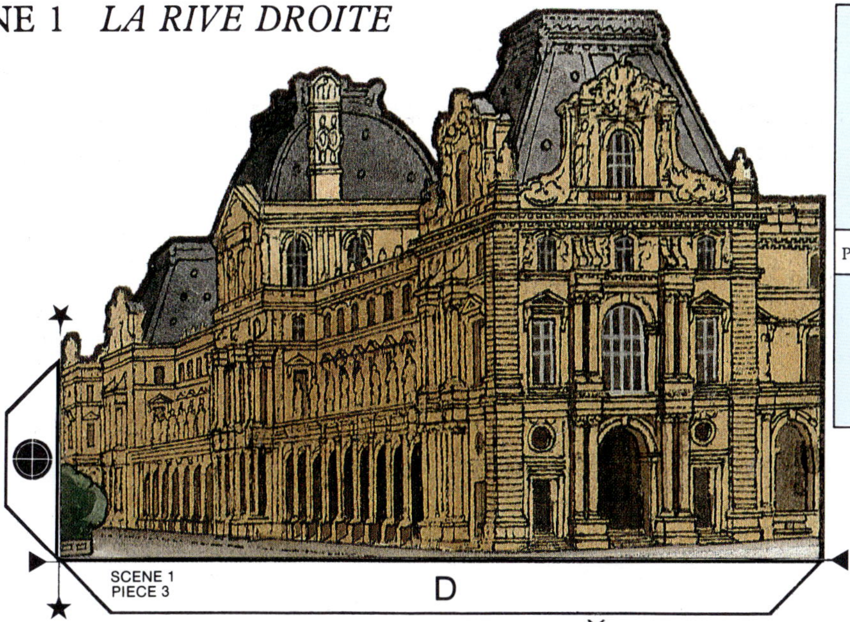

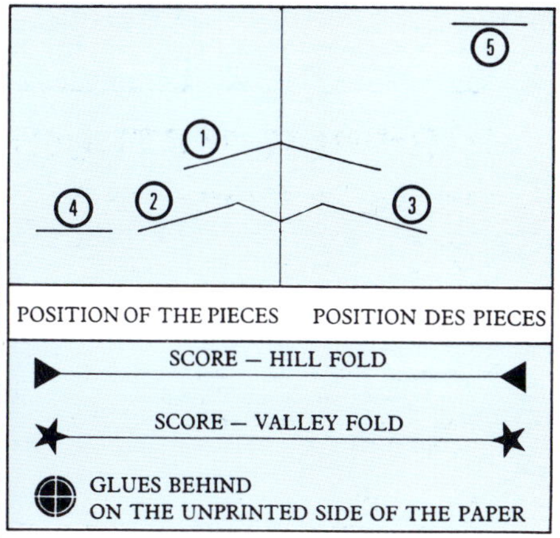

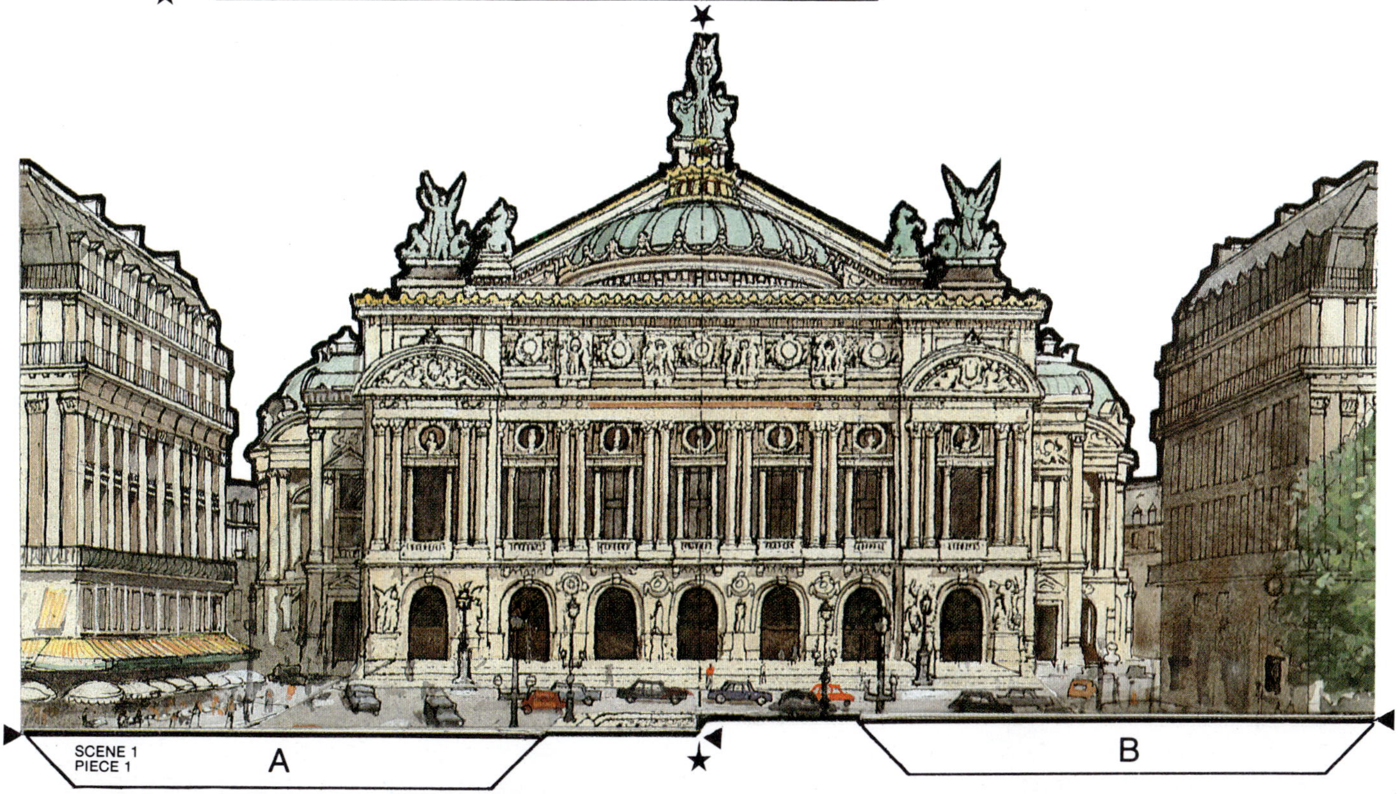

LA RIVE DROITE

On this page you can see many of the important buildings which are on the north or right bank of the river as it flows through the city.

Sur cette page se trouve les monuments les plus importants de la Rive Droite.

SCENE 1
PIECE 4 E

LA MADELEINE

This church is in the style of a Greek temple and there is a fine view of it from the Place de la Concorde. Before being consecrated as a church it almost became the first Paris railway station!

Cette église est bâtie dans le style d'un temple grec. On en a une vue superbe depuis la place de la Concorde. Avant d'être une église, elle faillit devenir la première gare de Paris.

SCENE 1
PIECE 5 F

MARQUEZ –
ET PLIEZ EN RABATTANT VERS L'AVANT
MARQUEZ –
ET PLIEZ EN RABATTANT VERS L'ARRIERE
A COLLER AU DOS D'UNE PIECE

SCENE 1
PIECE 2 C

F

GRAND PALAIS — PETIT PALAIS

These two halls were built for the exhibition of 1900. They stand on the right bank close to the Pont Alexandre III. In the Grand Palais is an interesting Science Museum and Planetarium with many working models and exhibits.

Ces deux édifices furent construits sur la rive droite, près du Pont Alexandre III, pour l'exposition de 1900. Le Grand Palais abrite le Planétarium et le Palais de la Découverte, qui présente de nombreuses expériences scientifiques.

PLACE VENDOME

The houses in this elegant square were built from 1702 to 1720 and it has the style of an earlier age. In the centre stands a column which is made out of stone, but which is encased in a spiral of bronze. This bronze was obtained by melting down cannons captured by Napoleon at the battle of Austerlitz. The statue of Napoleon is a replica of the original.

Les demeures élégantes de cette place furent édifiées entre 1702 et 1720, mais appartiennent au style d'une époque plus ancienne. Au centre de la place se dresse une colonne de pierre enfermée dans une spirale de bronze, métal obtenu en fondant les canons capturés par Napoléon à la bataille d'Austerlitz. La statue de Napoléon est une copie.

B

PLACE DES VOSGES

This is the oldest large square in Paris and it was completed in 1612. It, and the whole Marais district fell badly into disrepair, but has now been restored to its former appearance. It is well worth walking through.

C'est la plus vieille place de Paris et elle date de 1612. Comme le quartier du Marais, cette place était à l'abandon, mais elle fut restaurée et a maintenant retrouvé son ancien aspect. Elle mérite le détour.

D

SCENE 2 *L'ILE DE LA CITE*

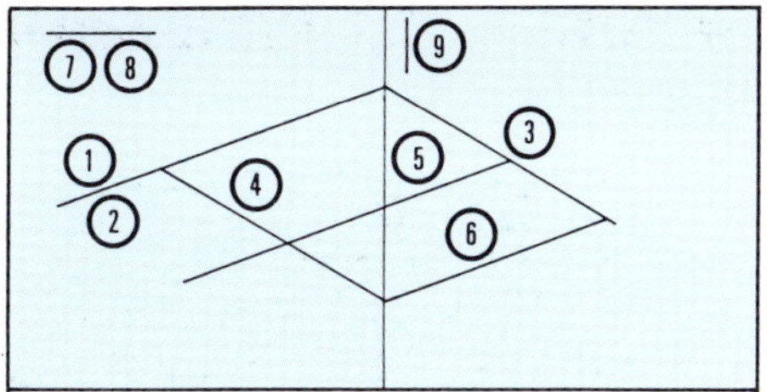

POSITION OF THE PIECES — POSITION DES PIECES

SCORE — HILL FOLD

SCORE — VALLEY FOLD

GLUES BEHIND
ON THE UNPRINTED SIDE OF THE PAPER

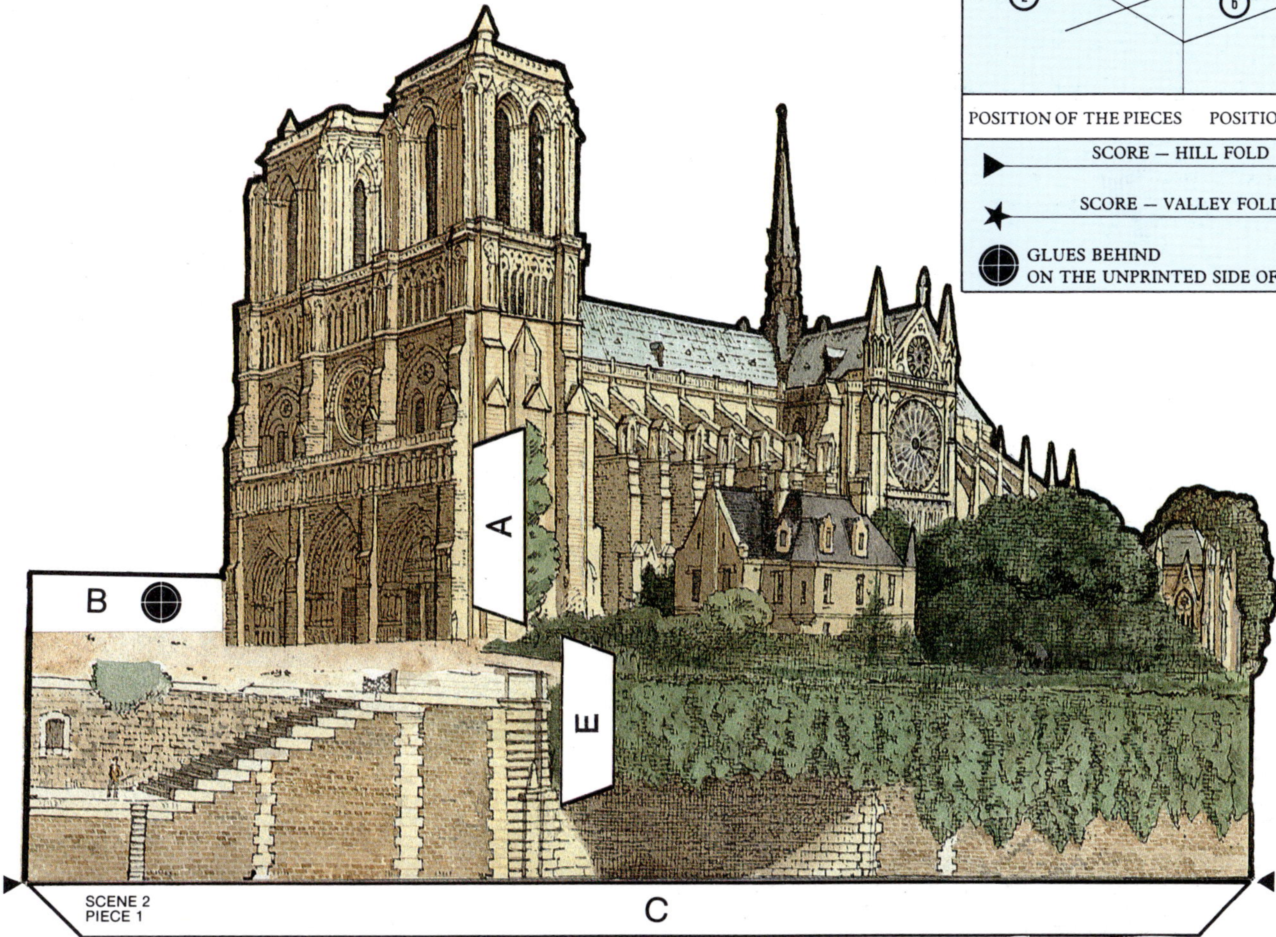

J

In 1831 Victor Hugo published a famous story about the hunchback of Notre-Dame who lived inside the cathedral and who loved to swing on the bells. The largest bell of all was cast in the 17th Century and is still rung today on special occasions. It is called 'The Bourdon' and weighs 13 tonnes. It took the combined muscle of 8 citizens to ring it, citizens traditionally chosen at random from the crowd outside.

En 1831, Victor Hugo publia la célèbre histoire du bossu de Notre-Dame. Il logeait dans la Cathédrale et aimait faire sonner les cloches. La plus grosse fut fondue au 17ème siècle et retentit encore aujourd'hui dans les grandes occasions. Elle fut baptisée "Le Bourdon" et pèse treize tonnes. Il ne fallait pas moins de huit citoyens, choisis dans la foule, pour la faire résonner.

NOTRE-DAME

Notre-Dame is one of the finest cathedrals in the world and it stands splendidly upon a splendid site. From the earliest times this was holy ground. The Celtic gods were worshipped here, then the Roman. The early Christians used it to build a church, then a basilica. In 1163 the present building was started and it was largely completed within a hundred years. Since then it has been added to, repaired, restored and refurbished, most notably by Viollet-le-Duc between 1845 and 1860, but the medieval plan and idea has survived triumphant through eight centuries of turbulent history and change.

Notre-Dame est l'une des plus belles cathédrales du monde, elle s'élève resplendissante dans un cadre admirable. A une époque très reculée, c'était déjà un lieu sacré. Là, furent célébrés les dieux celtes, puis romains. Les premiers chrétiens y bâtirent une église, puis une basilique. La cathédrale dont les travaux débutèrent en 1163 fut terminée cent ans plus tard. Depuis lors, elle fut restaurée, modifiée, entre autres par Viollet Le Duc entre 1845 et 1860, mais les plans et les idées du Moyen-Age ont triomphé de huit siècles d'une histoire mouvementée.

KILOMETRE ZERO

This brass compass stands in the Parvis of Notre-Dame and marks the place from which all distances are measured. It can truly be said to be the centre of Paris.

Cette rose des vents de cuivre se trouve sur le parvis de Notre Dame. Elle indique le point à partir duquel sont mesurées toutes les distances. C'est le centre de Paris !

SCENE 2 *L'ILE DE LA CITE*

K

HENRI IV

Henri IV was one of the best loved of French Kings and one with a special connection with Paris. He changed his religion from Protestant to Catholic so that he could enter the city. He finally completed the Pont Neuf and his statue can be seen where it crosses the point of the Ile de la Cité.

Henri IV fut l'un des rois préférés des Français. De plus, il avait un attachement particulier pour Paris. Il abandonna la religion protestante pour devenir catholique afin d'être reconnu par le peuple de Paris. Il fit achever le Pont-Neuf, et sa statue se dresse sur un terre-plein à la pointe de l'île.

LE PONT NEUF

In spite of its name, this bridge was in fact completed in 1607 and is the oldest in Paris. It crosses both arms of the river and the tip of the island in twelve graceful arches. For many years there was a great pump called "La Samaritaine" on the bridge. It pumped water from the river to the Louvre and the Tuileries. It was removed in 1813, but the name lives on as a famous department store nearby.

En dépit de son nom, la construction de ce pont remonte à 1607. C'est le plus ancien pont de Paris. Ses douzes arches enjambent les deux bras du fleuve à la pointe de I'lle de la Cité. Pendant longtemps, il y eut sur le pont une énorme pompe baptisée "La Samaritaine". Elle alimentait en eau Le Louvre et les Tuileries. Elle fut démontée en 1813, mais son nom survit grâce à un grand magasin du quartier.

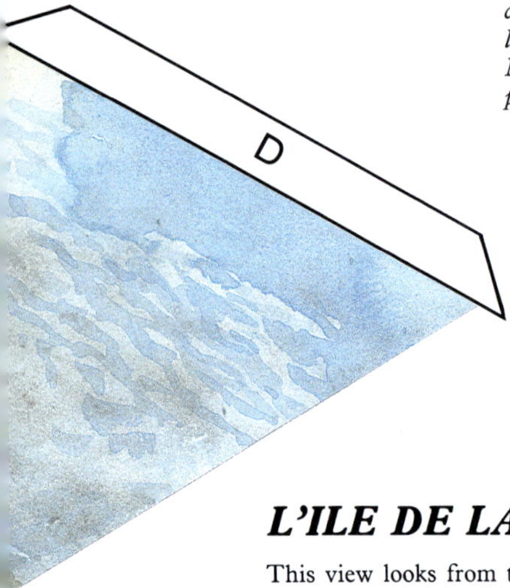

L'ILE DE LA CITE

This view looks from the left bank across to the great cathedral of Notre-Dame which dominates this island in the river. It is the centre of modern Paris and is where the city began. Two thousand years ago, before the Romans came, it was occupied by a tribe called the 'Parisii'. They recognised the strength of the site, and so did the Romans and all those who came later. The river acted as a moat for defence, as a source of water for drinking and washing and above all as a highway for trade. It was not until modern times that it was easy to move heavy weights except by water. The arms of the city make its strength plain. They show a strong ship and the inscription reads in Latin "It rides the waves and does not sink"

Sur cette vue, la cathédrale Notre-Dame s'élève, radieuse, au-dessus de L'Ile de la Cité. Elle est au cœur de la vie parisienne. Mais c'est aussi là que la ville prit ses racines. Il y a 2000 ans, avant l'invasion romaine, l'île était occupée par une tribu appelée 'les Parisii'. Ils avaient remarqué, comme les Romains et d'autres plus tard, que le site était favorable. Le fleuve servait de défense naturelle, de réserve d'eau, et surtout de voie navigable pour le commerce. En effet, ce n'est qu'à notre époque que le transport de lourdes charges est devenu possible autrement que par voie fluviale. Les armoiries de la ville évoquent clairement cette situation privilégiée. Un solide vaisseau y est représenté accompagné d'une citation en latin: 'Il est battu par les flots, mais ne sombre pas'.

Fluctuat nec mergitur

N

In the centre of the Place de la Concorde is an obelisk which was brought from Egypt. It was one of a pair dedicated by Ramses II at the temple of Luxor more than 3,300 years ago. The other still stands there.The obelisk weighs 150 tonnes and how it was brought to Paris and illustrations of the methods used to erect it in the square are to be found on the base of the plinth.

Au centre de la Place de la Concorde s'élève un obélisque provenant d'Egypte. Il fut dédié aux dieux par Ramsès II au temple de Louksor, il y a plus de 3300 ans. A la même époque un second obélisque fut élevé au même endroit et il s'y trouve toujours. L'obélisque pèse 150 tonnes. Sur son socle est expliqué comment il fut apporté et dressé sur cette place.

PLACE CHARLES DE GAULLE-ETOILE

Baron Haussmann created the twelve pointed star by adding seven new avenues to the five which existed previously. It is now called Place Charles de Gaulle in honour of the former President of the Republic.

Le Baron Haussmann créa cette place en forme d'étoile à douze branches en ajoutant sept avenues au cinq déjà existantes. Elle fut rebaptisée Place Charles de Gaulle en l'honneur de l'ancien Président.

SCENE 3 *L'ARC DE TRIOMPHE*

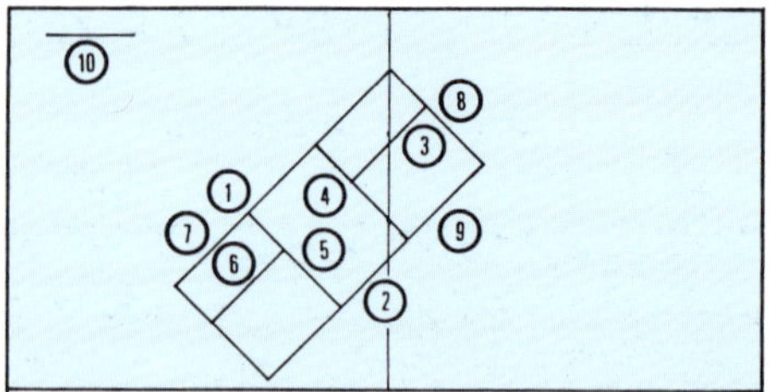

POSITION OF THE PIECES POSITION DES PIECES

SCORE — HILL FOLD

SCORE — VALLEY FOLD

GLUES BEHIND
ON THE UNPRINTED SIDE OF THE PAPER

SCENE 3 *L'ARC DE TRIOMPHE*

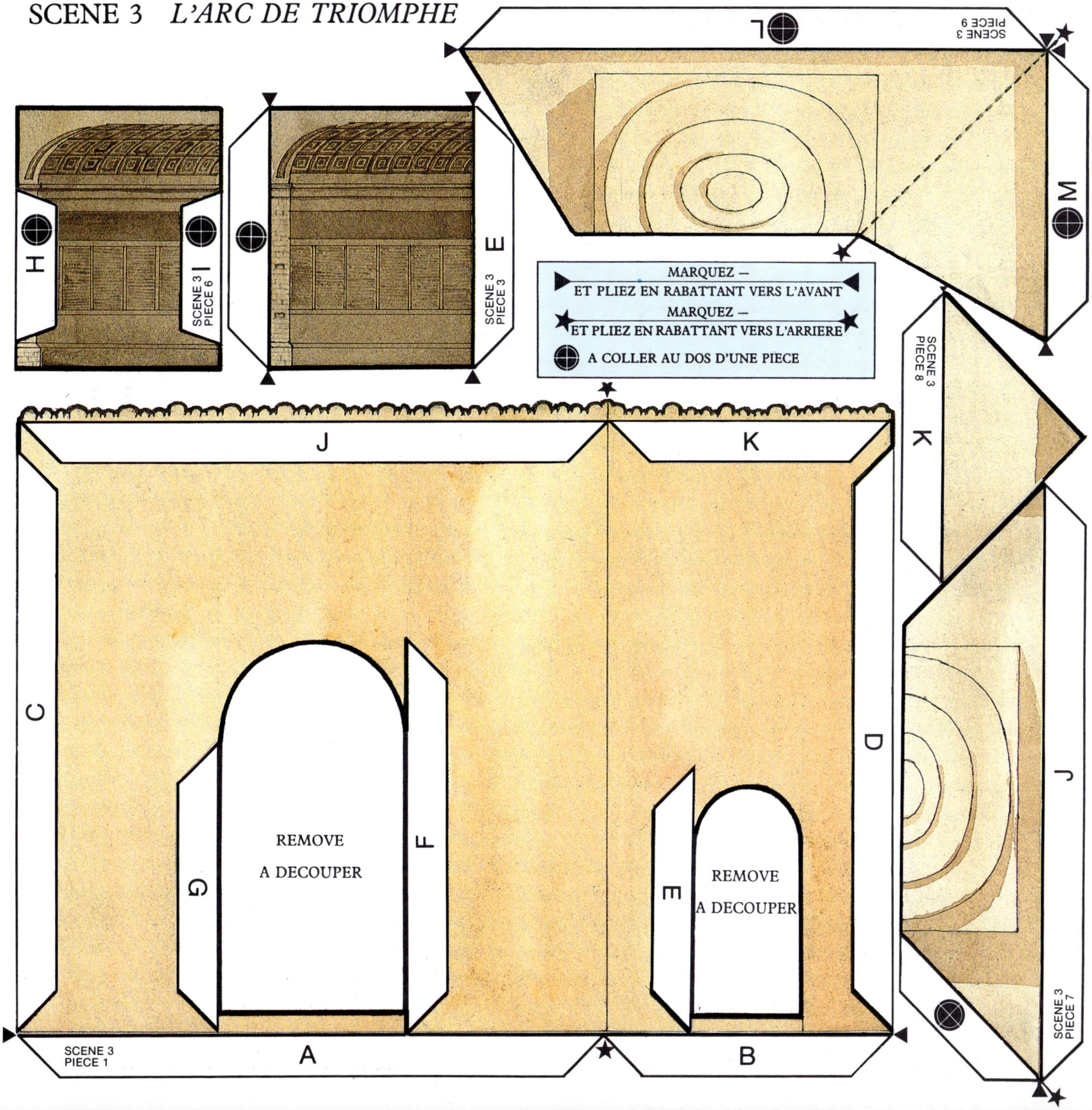

Beneath the arch is the simple gravestone marking the tomb of the unknown warrior and the sacrifices of the Great War. A flame of remembrance burns there and on special occasions there are solemn military ceremonies.

L'Arc de Triomphe abrite la pierre tombale du Soldat Inconnu commémorant les sacrifices de la Grande Guerre. Une flamme du souvenir y brûle en permanence. D'importantes cérémonies militaires s'y déroulent lors de grandes occasions.

L'ARC DE TRIOMPHE

Work on this great arch to commemorate Napoleon's victories started in 1806. The inspiration for the design was the Arch of Constantine in Rome, but built to twice the size. It is ironic that by the time this magnificent monument was completed in 1836, the victories had turned to defeats, the Empire had been lost and the Emperor had been dead for 15 years. It was to be a further 20 years before the full glory of the arch was revealed when the road system which made it the focal point was completed.

Today, the traffic which swirls round from twelve points of entry is incredible but fortunately there is no need to try to cross it. There is a tunnel. Once across, you can appreciate the huge size of the arch and see the sculptures and carvings. Also there is a lift and a staircase to an exhibition hall, where the history of the arch is set out and where there are often audio-visual presentations. You can also go out on the roof for a splendid view of Paris and to see the 'Triumphal Way' leading from the Louvre to the Arc de Triomphe.

La construction de cet Arc, commémorant les victoires de Napoléon, commença en 1806. Il est deux fois plus grand que l'Arc de Constantin de Rome dont il s'inspire. Il est amusant de noter qu'au terme des travaux en 1836, les victoires de Napoléon s'étaient transformées en défaites, l'Empire était perdu, l'Empereur mort depuis quinze ans. L'Arc de Triomphe n'atteignit la gloire que vingt ans plus tard en devenant le point de convergence de plusieurs grandes avenues.

Aujourd'hui, le flot de voitures qui tourbillonnent autour de l'Arc est impressionnant. Fort heureusement il n'est point besoin de le traverser car il existe un passage souterrain. Une fois au pied de l'Arc de Triomphe, on peut en admirer la taille colossale, ainsi que les sculptures et les bas-reliefs. Un ascenseur et un escalier vous conduisent à une exposition présentant l'histoire de l'Arc de Triomphe, ainsi que des documents audio-visuels. Depuis la terrasse on a une vue merveilleuse de Paris et de la "Voie Triomphale" menant du Louvre à l'Arc de Triomphe.

MINICOVERS FOR MINI POP-UPS

These six pieces are for additional mini pop-ups on certain scenes. First cut out the whole page from the book. Then cut out the individual pieces looking at this side.

MINI-COUVERTURES POUR LES MINI-SCENES 'POP-UP'

Ces six images sont des mini-scènes supplémentaires. Découpez la page complète en regardant ce côté de la page.

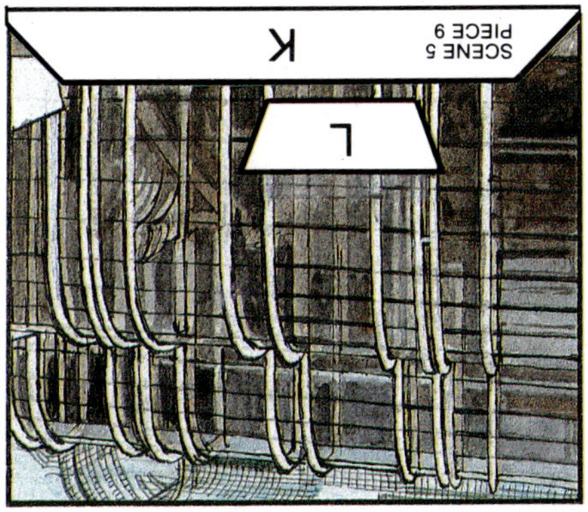

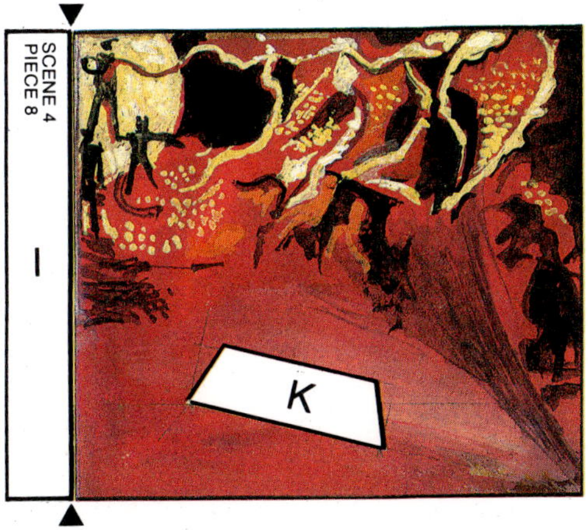

HOW TO MAKE THE MINI POP-UPS

These six pieces are for additional mini pop-ups on certain scenes. First cut out the whole page from the book. Then cut out the individual pieces looking at the other side.

MINI-COUVERTURES POUR LES MINI-SCENES 'POP-UP'

Après avoir retiré du livre cette page complète, découpez les six mini-scènes en vous basant sur les images au verso.

Prisoners were taken to the guillotine in the Place de la Concorde by tumbril, a kind of farm cart. Until their execution they were held in the dungeons of the Conciergerie on the Ile de la Cité.

Les prisonniers étaient conduits à la guillotine, Place de la Concorde dans des tombereaux, sortes de charrettes de ferme. En attendant leur exécution, ils étaient emprisonnés dans les cachots de la Conciergerie dans l'Ile de la Cité.

On the north side of the cathedral you can climb up to the towers and look out with the famous gargoyles across the river, the bridges and the rooftops of this beautiful city.

Côté Nord de la Cathédrale, vous pouvez accéder aux tours, et comme les célèbres gargouilles, admirer la Seine, les ponts et les toits de cette belle Capitale.

AVENUE DES CHAMPS ELYSEES

This street of elegant and expensive shops and cafes is a must for tourists to visit. In an arcade on the north side is a remarkable water-operated clock which is well worth seeing.

Les cafés mondains et les boutiques de luxe de cette avenue sont à voir absolument. A noter une horloge à eau installée sous des arcades en haut de l'avenue.

SCENE 6 *LA BASTILLE*

MARQUEZ —
ET PLIEZ EN RABATTANT VERS L'AVANT
MARQUEZ —
ET PLIEZ EN RABATTANT VERS L'ARRIERE
A COLLER AU DOS D'UNE PIECE

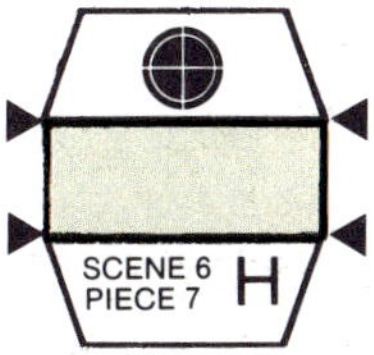

PLACE DE LA BASTILLE

After the fortress was levelled, and Napoleon was firmly in charge, he decided to mark the spot with a great bronze elephant. A full-size mock-up, 25 metres high, was made of wood and plaster and erected in 1812. However, Napoleon had other things to think of and it was never completed. The column which we see today and which is called 'The July Column', replaced the elephant in 1849 and celebrates not the revolutions of July 1789, but the dead of the revolutions of 1830 and 1848, some of whom are buried beneath it.

Après la destruction complète de la Bastille, Napoléon alors au pouvoir, décida d'ériger à la place un gigantesque éléphant de bronze. Un modèle de bois et de plâtre, haut de vingt-cinq mètres, fut construit en 1812. Mais, Napoléon eut à cette époque d'autres soucis et ainsi ce monument ne fut jamais terminé. Au centre de la place se dresse la Colonne de Juillet, qui remplaça l'éléphant en 1849. Elle célèbre non pas les événements de juillet 1789, mais les victimes des Révolutions de 1830 et 1848, dont certaines reposent sous la Colonne.

LA BASTILLE

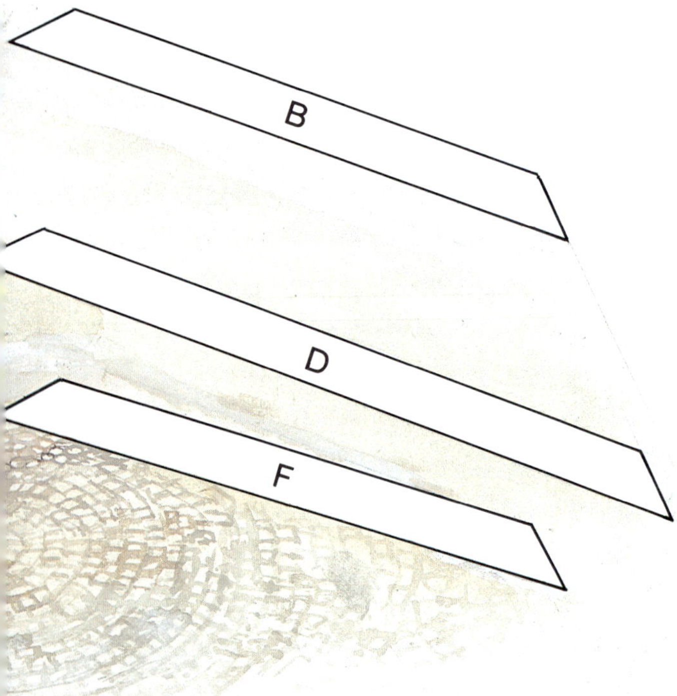

This scene shows the events of a most important day in the history of Paris and indeed France. The taking of the Bastille on 14th July 1789. It was a symbolic act, the first step in the revolution which was to bring about enormous changes. The Bastille was a formidable fortress, built from 1370-1382 to defend the eastern entrance to Paris. It was a place where the king could send prisoners without trial and so it was seen as a hated symbol of injustice. In actual fact, by this time it had largely fallen into disuse. On this dramatic day there were only seven prisoners inside : four forgers, two madmen and a Count who was shut up at the request of his family. The attack by the mob was scarcely resisted by the guard, but so strong was the emotion that on 15th July, the demolition began. Within a very few weeks it was levelled to the ground and today no trace remains except for an outline marked on the pavement.

Cette scène nous fait découvrir l'événement le plus important de l'histoire de Paris et de la France, la Prise de la Bastille, le 14 juillet 1789. Ce fut un acte symbolique, les premiers soubresauts d'une révolution qui devait apporter de grands changements. La Bastille était une forteresse incomparable construite entre 1370 et 1382 pour défendre la Porte est de Paris. Le Roi pouvait y faire emprisonner n'importe qui et le peuple haïssait ce symbole d'injustice. En fait, elle n'était plus guère utilisée à cette époque. En ce jour de juillet seuls sept prisonniers s'y trouvaient : quatre faussaires, deux fous, et un comte incarcéré à la demande de sa famille. La garde résista à l'attaque de la foule, et le ressentiment était si fort que dès le 15 la démolition commença. Elle fut terminée en quelques semaines. Il n'en reste aujourd'hui aucune trace, si ce n'est une marque de l'emplacement de la forteresse sur les pavés.

I

The guillotine was said to have been invented by Dr. Guillotin although he himself always denied it. At first it was used on highwaymen, then after the Revolution, on those members of the aristocracy who failed to escape abroad. Then more and more people were guillotined as the various factions fought for power. This period was known as 'The Terror' and thousands were put to death, often in batches and without any attempt at a fair trial. Eventually it was to claim the leaders of the Revolution themselves.

Le Docteur Guillotin, prétendu inventeur de la guillotine, nia toujours l'avoir construite. Au début, elle fut utilisée pour les brigands, puis pendant la Révolution pour les aristocrates qui n'avaient pas fui à l'étranger. Par la suite, de plus en plus de gens furent guillotinés lors d'affrontement opposant les différentes factions. Pendant cette période appelée "La Terreur", des milliers de personnes furent exécutées, le plus souvent victime d'une justice expéditive. Pour finir, les chefs de la Révolution eux-mêmes furent guillotinés.

By the 18th century France had become a very unjust society and most people were forced to live in miserable conditions. There was no proper parliament or consideration of the needs of ordinary people. Change was needed and it seemed that violent revolution was the only way to get it. After the fall of the Bastille a National Assembly was set up and it issued a 'Declaration of the Rights of Man'. This took power away from the Nobles and the Church and set out the rights and liberties of all men.
However, the marvellous dream of a free and just society, ruled by reason soon turned sour. There followed an orgy of blood-letting such as the world has seldom seen. For ten years there was chaos, misery, starvation and thousands of deaths. In 1799 Napoleon took charge and things improved. Then there was a long period of war, at first with exciting victories and conquests but then with defeats, invasion and occupation. The Revolution destroyed the old order, but it took a long time before the new order was established.

Au 18ème siècle, la France était une société injuste et la plupart des Français menaient une vie misérable. Le Parlement n'existait pas et l'on ne s'inquiétait pas des besoins du peuple. Un changement s'imposait et seule une révolution semblait pouvoir le permettre. Après la prise de la Bastille, on créa l'Assemblée Nationale qui proclama la "Déclaration des Droits de l'Homme". Celle-ci abolissait les privilèges des Nobles et du Clergé et fixait les droits et les libertés de tous les hommes.
Malheureusement, le rêve d'une société modérée, libre et juste devint bientôt un cauchemar, et l'on assista à un bain de sang d'une rare violence. Pendant dix ans, ce fut le chaos, la misère, la famine et l'on dénombra des milliers de morts. En 1799 Napoléon prit le pouvoir et la situation s'améliora, puis s'ensuivit une longue période de guerre. Aux victoires éclatantes du début succédèrent les défaites, l'invasion et l'occupation. La Révolution avait détruit l'ancien régime, mais le nouvel ordre mit longtemps à s'établir.

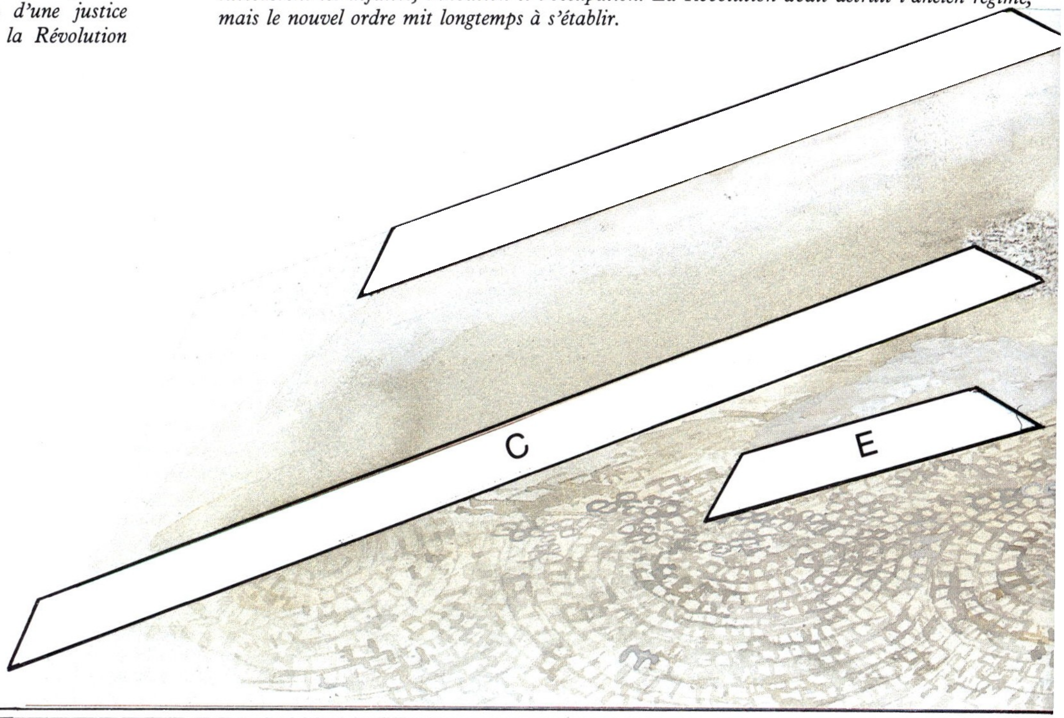

MUSEE CARNAVALET

This museum has many interesting relics of the history of Paris and of the turbulent times of the Revolution including the original paintings from which this scene was devised.

Ce musée présente de nombreux objets témoins de l'histoire de Paris, en particulier de la période troublée de la Révolution française. Parmi eux, les tableaux dont est inspirée cette scène.

SCENE 6 *LA BASTILLE*

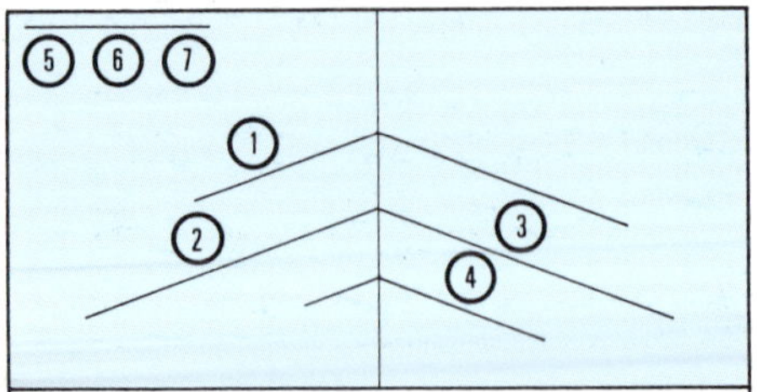

POSITION OF THE PIECES — POSITION DES PIECES

SCORE — HILL FOLD

SCORE — VALLEY FOLD

GLUES BEHIND ON THE UNPRINTED SIDE OF THE PAPER

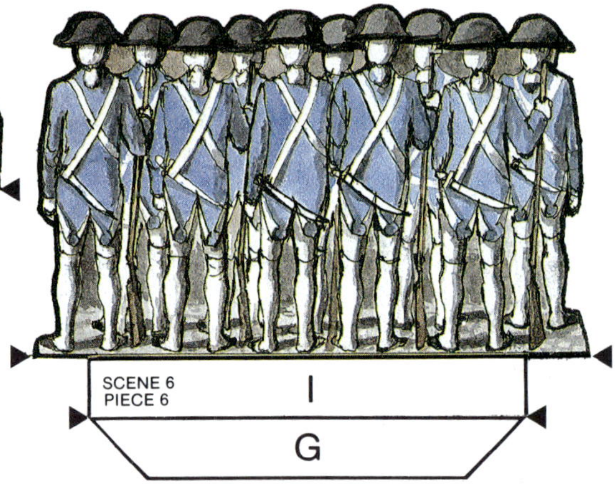

SCENE 5 *LE CENTRE POMPIDOU*

MARQUEZ —
ET PLIEZ EN RABATTANT VERS L'AVANT

MARQUEZ —
ET PLIEZ EN RABATTANT VERS L'ARRIERE

A COLLER AU DOS D'UNE PIECE

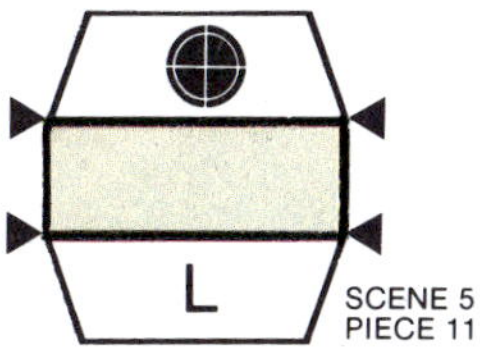

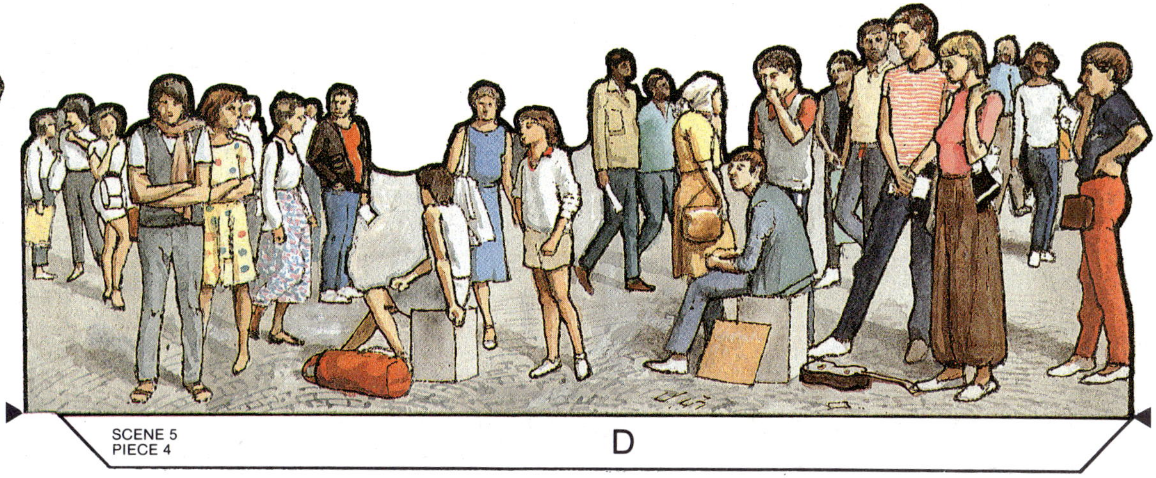

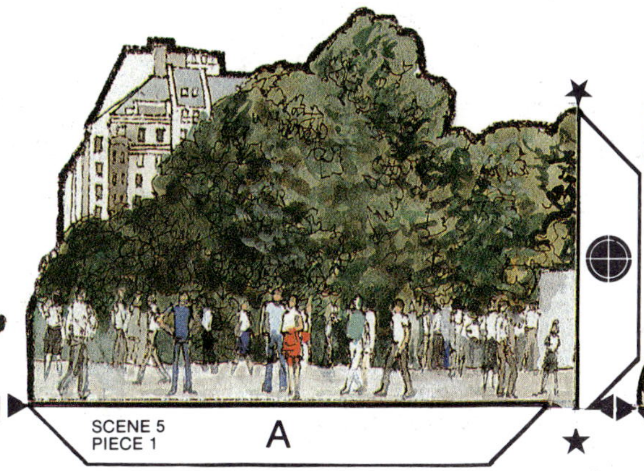

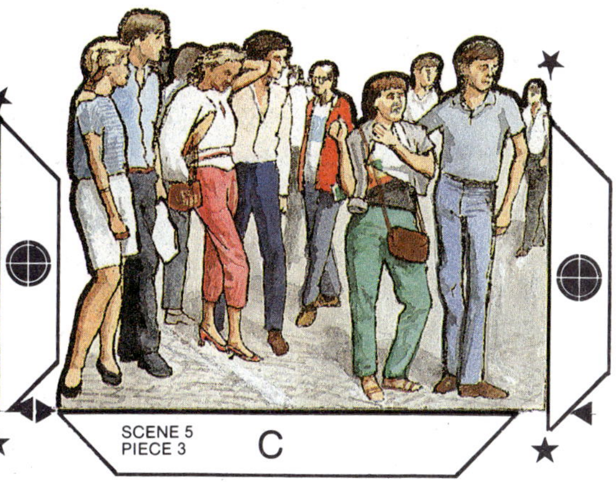

HOTEL DE VILLE

The town hall of Paris is near the river and just a short walk from the Centre Pompidou. It has been the scene of much civil unrest and was burned to the ground by the Communards in 1871. The building we see today was rebuilt between 1874 and 1882, using the original plan of 1533.

L'Hôtel de Ville est proche de la Seine, à quelques minutes à pied du Centre Pompidou. Il fut le théâtre de nombreuses révoltes, les Communards le brûlèrent en 1871. Le bâtiment que l'on voit aujourd'hui fut reconstruit de 1874 à 1882 à l'aide des plans originaux de 1533.

In 1870 there was a war between France and Prussia. Paris was under siege for four long months before surrendering. The National Government accepted the peace terms but a group in Paris called 'The Communards' did not. There was bloody fighting and very much damage was done, especially to the Hôtel de Ville and the Louvre Palace.

Pendant la guerre de 1870 entre la France et la Prusse, Paris fut assiégé quatre longs mois avant de capituler. Le gouvernement passa des accords de paix, auxquels les Communards s'opposèrent et des combats sanglants s'ensuivirent. L'Hôtel de Ville et le Louvre subirent d'importants dommages.

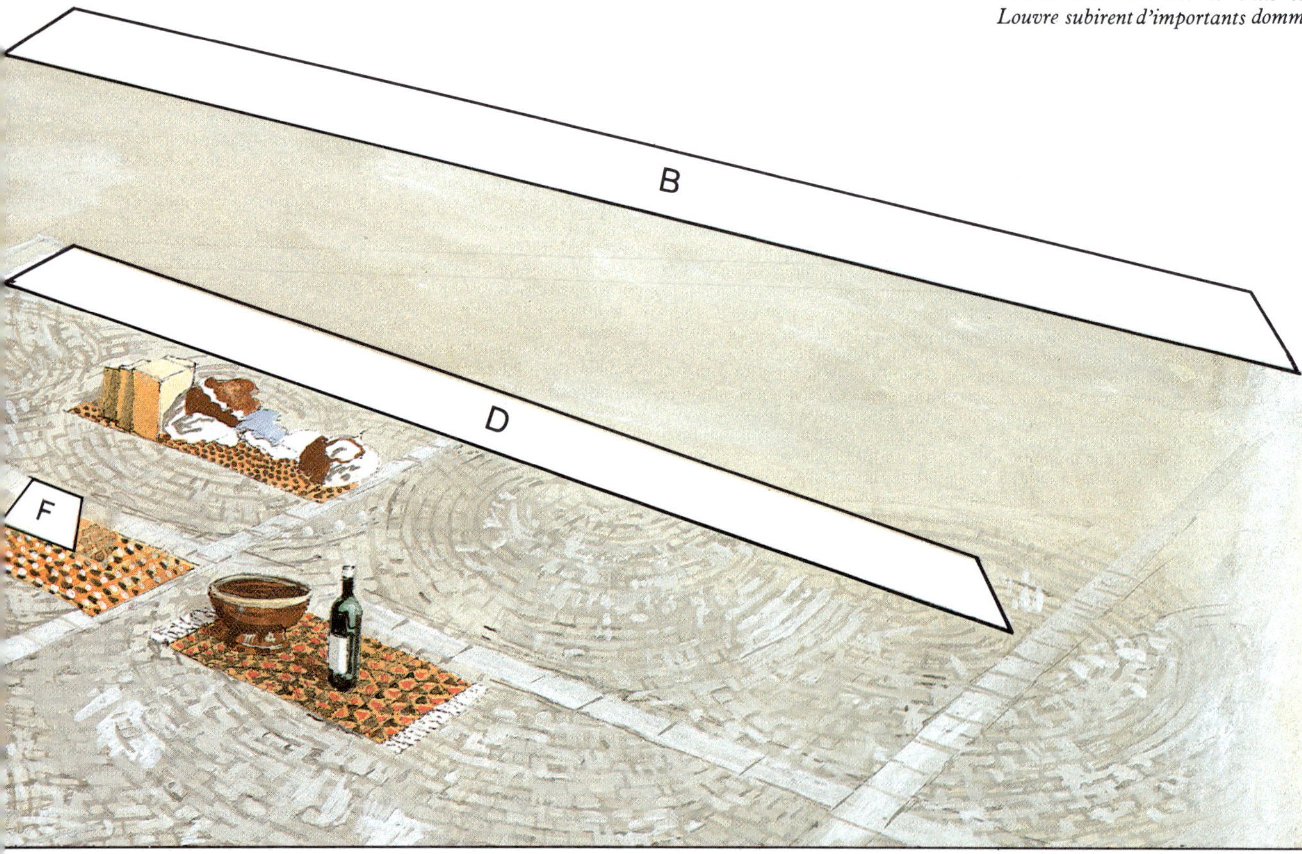

J

In this neighbourhood there are still many bars, cafés and shops which retain the style of 'old Paris', which is so well known to us through the artists and photographers of the past.

Les bars, les cafés et les boutiques de ce quartier ont su garder le style du "Vieux Paris", rendu célèbre par les artistes et les photographes du passé.

For centuries the district of 'Les Halles' was the market for provisions of all kinds. It was called 'the stomach of Paris'. Finally, the congestion became too much, even for Paris and the market was removed to the outskirts. The old buildings were knocked down and then an enormous hole was dug out. Now it is open again as a very modern shopping and leisure centre.

Pendant des siècles, les "Halles" furent un énorme marché où l'on trouvait de tout. On le surnomma le "Ventre de Paris". Mais à la fin, le marché était si encombré, qu'il fut déplacé vers la banlieue. Les vieux bâtiments furent démolis et l'on creusa un gigantesque trou. C'est devenu maintenant un centre commercial et de loisirs ultra-moderne.

M

At the lowest point in the centre of the Forum des Halles shopping complex is a courtyard and there you will find this strange sculpture. It is well worth exploring to find it.

A l'étage le plus bas du Forum des Halles se trouve, dans une cour intérieure, cette statue étrange qui vaut la peine d'être vue.

BEAUBOURG — CENTRE POMPIDOU

This scene illustrates the medieval fairground atmosphere which can often be found outside the Pompidou Centre, especially in summer. Performers of all kinds — fire eaters, jugglers, sword swallowers, clowns and musicians entertain crowds of visitors from all over Europe and the World.
The arts centre itself is a building you will either love or hate. It seems to be constructed entirely of tubes and pipes. Even the escalators and walkways are in transparent tubes which go up the outside of the building. People call it 'The Oil Refinery'. Whatever you think of so modern a building in so ancient a district, it is very successful in attracting visitors to see it or the exhibitions which take place inside. Sometimes it even has to be closed because the weight of people inside is so great as to threaten the structure.

Cette scène illustre bien l'atmosphère de fête médiévale qui règne souvent, aux abords immédiats du Centre Pompidou, en particulier en été. Toutes sortes d'artistes : cracheurs de feu, jongleurs, avaleurs de sabres, clowns et musiciens distraient une foule cosmopolite. Le Centre lui-même est un bâtiment que l'on aime ou que l'on déteste. Il semble fait uniquement de tuyaux, certains l'appellent "La Raffinerie de Pétrole". Les escalators sont aussi des tubes transparents qui grimpent à l'extérieur de la construction. Que l'on soit choqué ou non de voir un bâtiment ultra-moderne dans ce quartier ancien, il est indéniable que le Centre Beaubourg attire de nombreux visiteurs. Parfois même on est obligé de le fermer, car le poids du public qui s'y trouve est une menace pour la structure du bâtiment.

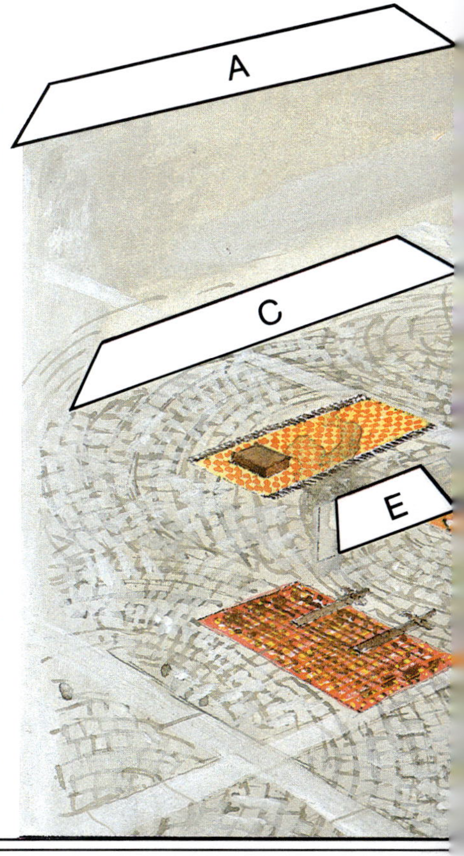

SCENE 5 *LE CENTRE POMPIDOU*

SCENE 5
PIECE 12

N

During the siege of Paris letters and messages were sent out of the city by balloon. Replies were sent back by carrier pigeon.

Lors du siège de Paris, des lettres ainsi que des messages furent envoyés à l'aide de ballons. Ce sont des pigeons voyageurs qui apportaient les réponses.

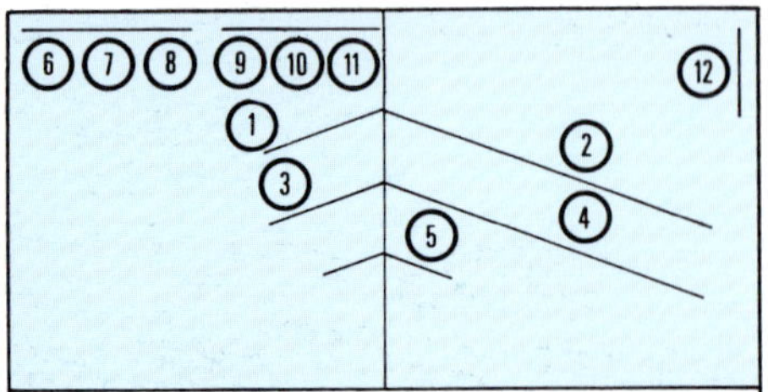

POSITION OF THE PIECES — POSITION DES PIECES

SCORE — HILL FOLD

SCORE — VALLEY FOLD

GLUES BEHIND
ON THE UNPRINTED SIDE OF THE PAPER

SCENE 5
PIECE 7

H

SCENE 5
PIECE 2

B

SCENE 4 *LA PLACE DU TERTRE*

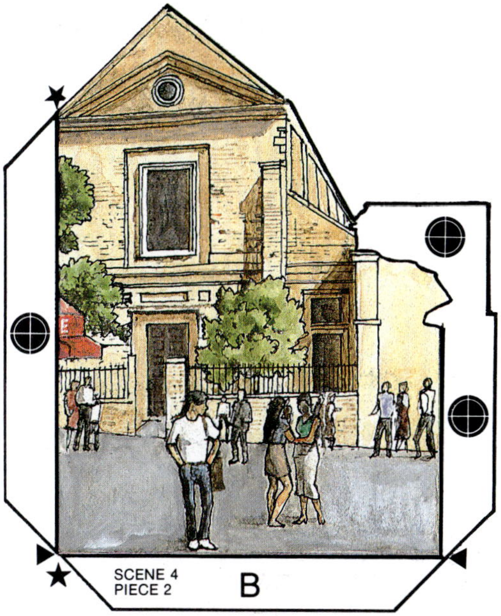

The present-day artists in the Place du Tertre are following in an old tradition. The district of Montmartre has a long history of being a good place for artists to live. Toulouse-Lautrec spent many years in the area and his paintings and posters of the night life, especially the Moulin Rouge are well known. Other artists who lived in the district include Picasso, Braque and of course Maurice Utrillo.

Les artistes de la Place du Tertre sont les héritiers d'une longue tradition. En effet le quartier de Montmartre a toujours été un lieu où il fait bon vivre. Toulouse Lautrec y resta longtemps. Ses tableaux et ses affiches de la vie nocturne de la Butte, en particulier du Moulin Rouge, sont très célèbres. D'autres artistes, comme Picasso, Braque et bien sûr Maurice Utrillo y vécurent également.

Montmartre is well known for its famous night clubs and theatrical shows like the 'Moulin Rouge'.

Montmartre est célèbre pour ses boîtes de nuit et ses cabarets comme le "Moulin Rouge".

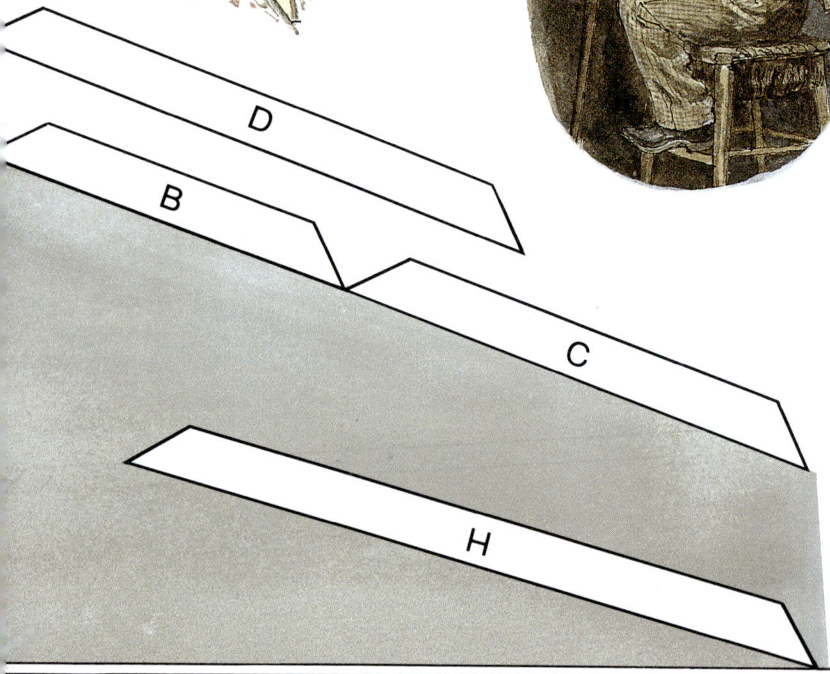

SACRE-CŒUR

After the disaster and disappointment of the Franco-Prussian war and the bloody events of the Commune, it was felt that Paris needed a new symbol of hope for the future. A fund was started and work began in 1876 to build a new church on the summit of the hill of Montmartre. Gradually this impressive white building, almost oriental in appearance, was built. It was completed in 1919 and is now as well known a symbol of Paris as even the Eiffel Tower. On fine days the terrace in front of the Basilica is a favourite meeting place for students, guitar players, singers or simply people enjoying the fine view across the city.

Après les déconvenues de la guerre franco-prussienne et la sanglante insurrection de la Commune, Paris avait besoin de croire en un nouveau symbole d'espoir. On rassembla dès fonds et la construction d'une église au sommet de la Butte Montmartre commença. Peu à peu ce monument blanc, d'aspect oriental, s'éleva dans le ciel de Paris. Il fut terminé en 1919 et c'est aujourd'hui une curiosité de Paris, aussi célèbre que la Tour Eiffel. Par beau temps, une foule d'étudiants, de musiciens, de chanteurs et de badauds, installée devant le Sacré-Cœur, profite de la superbe vue de Paris.

LA BUTTE MONTMARTRE

The hill of Montmartre is the highest point of Paris and it has a special character which makes it a very interesting place to visit. The hill was outside the old city walls and was only incorporated into Paris proper in 1860, so it has more the atmosphere of a village or a provincial town than that of a great city. The cobbled streets are narrow and steep. They twist and turn and offer unexpected views. There is even a producing vineyard, small it is true, but it does exist. Off the alleyways, often almost hidden behind high walls and iron gates are gardens and work shops where small groups of artists and sculptors still live and work. It is rewarding to leave the well-known tourist attractions for a while and go on foot to see what you can see.

C'est un endroit tout à fait intéressant car c'est le point le plus élevé de Paris. La commune de Montmartre se trouvait à l'extérieur des murs de la ville, elle ne fut annexée à Paris qu'en 1860. C'est donc plus un village, une petite ville de province qu'un grand centre urbain. Les rues, en pente raide, sont étroites et offrent parfois des spectacles inattendus. Il y a une vigne exploitée, petite il est vrai, mais bien là. Des petits groupes d'artistes vivent et travaillent dans des ateliers entourés de jardins, très souvent cachés par des grilles et des grands murs. Après avoir vu les attractions pour touristes, cela vaut la peine de partir à pied à la découverte.

LA PLACE DU TERTRE

This scene shows one of the most famous views in Paris, the dome of the Basilica of Sacré-Cœur seen from the small square called 'La Place du Tertre'. It is a lively place to visit and often very crowded. Around the square and under the trees are working artists of every kind. Some are selling pictures of the district, others are drawing or painting portraits of the visitors. It is fascinating to watch them capture a likeness in a few minutes. A speciality of the square is a 'silhouette'. The artist cuts out your profile from black paper — 'likeness guaranteed'. Quite a few of these instant artists seem to come from Vietnam. All around this area are cafés, art and curiosity shops and so it is best to allow enough time to explore at leisure.

Voici l'une des vues les plus célèbres de Paris, le dôme du Sacré-Cœur vu de la petite "Place du Tertre". C'est un endroit très animé et il y a souvent un monde fou. Les passants regardent les artistes qui travaillent. Certains proposent des tableaux représentant le quartier, d'autres dessinent ou peignent le portrait des badauds. Ils ont une manière étonnante de saisir la ressemblance en un clin d'œil. Une des spécialités de l'endroit est la "silhouette". L'artiste découpe votre profil dans une feuille noire "La ressemblance est assurée". Beaucoup de ces artistes semblent d'origine vietnamienne. Les cafés et les boutiques d'artisanat et d'art sont aussi nombreuses dans ce quartier. Il est donc sage de prévoir assez de temps pour s'y promener à loisir.

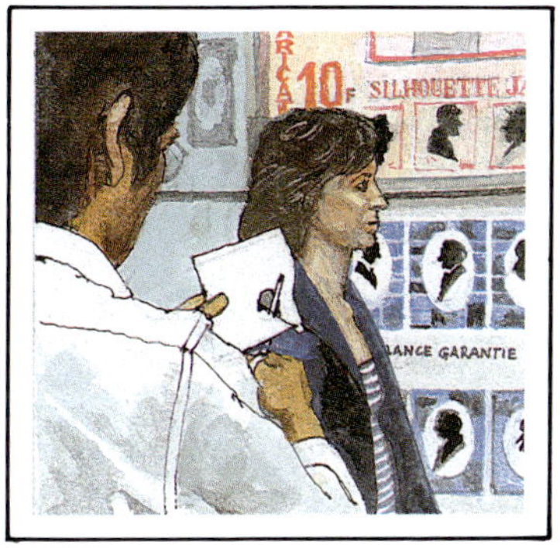

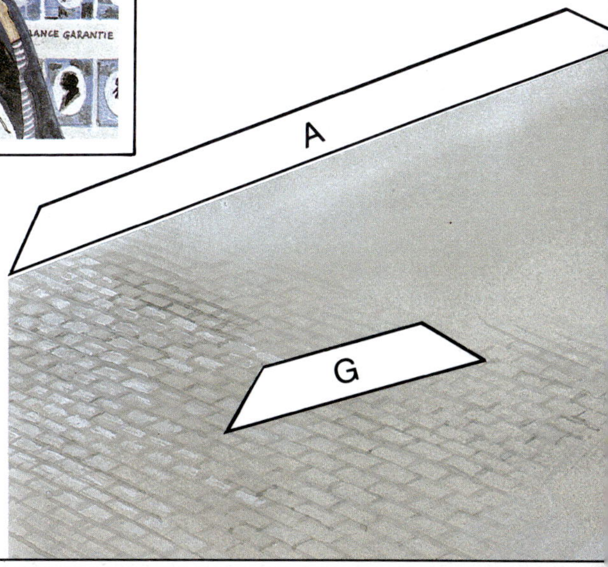

SCENE 4 *LA PLACE DU TERTRE*

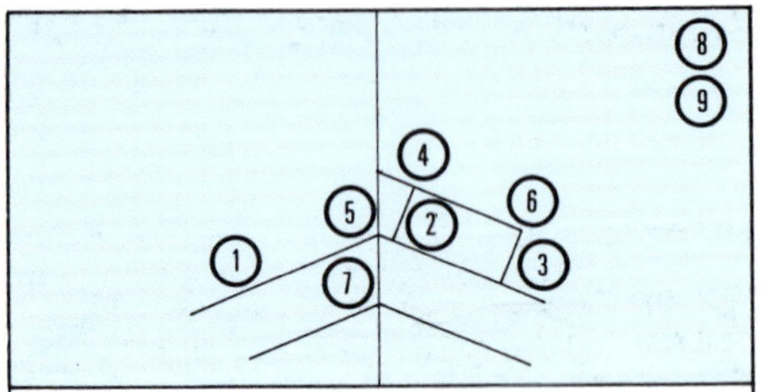

POSITION OF THE PIECES POSITION DES PIECES

SCORE — HILL FOLD

SCORE — VALLEY FOLD

GLUES BEHIND
ON THE UNPRINTED SIDE OF THE PAPER

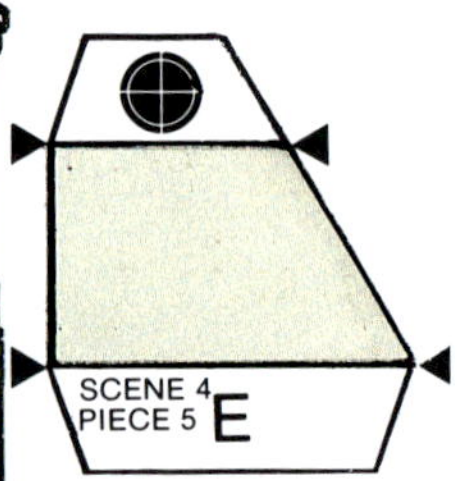

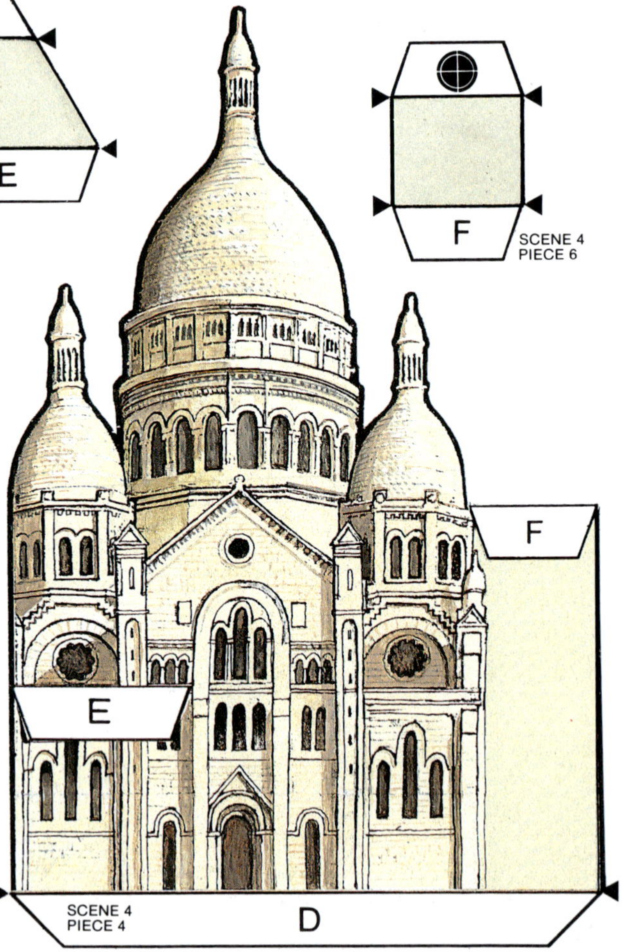

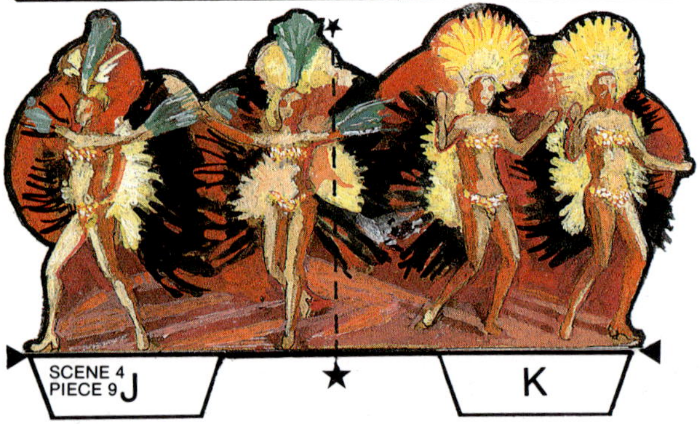

HOW TO ASSEMBLE EACH SCENE

1. Score along all lines marked with the symbols.

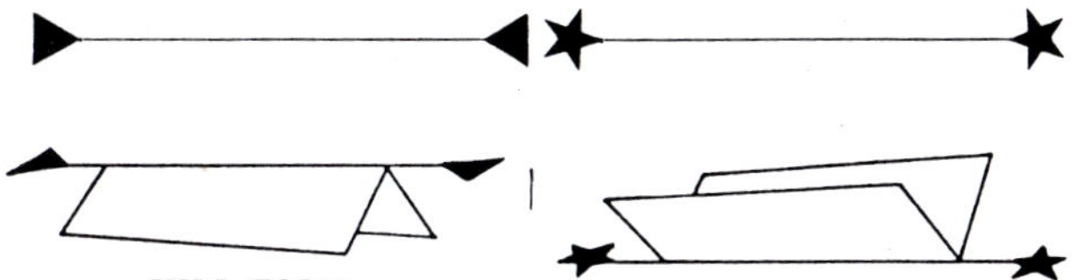

HILL FOLD

VALLEY FOLD

2. Fold as indicated.
   Fold away from you to give a hill fold. Crease firmly.
   Fold towards you to give a valley fold. Crease firmly.

3. Cut out precisely.

POSITION OF PIECES	POSITION DES PIECES

4. For each scene there is a plan diagram which shows the positions where each of the pieces is to be glued. Start with piece 1 and work in order.
   Each letter on a flap corresponds to a letter on the base or on another piece. Glue them in alphabetical order A,B,C, ...etc.

GLUES BEHIND ON THE UNPRINTED SIDE OF THE PAPER

5. Certain flaps do not have a corresponding letter elsewhere. If there is any doubt where it should be glued, you will find black lines on the base to help.

6. When constructing a scene, close the book carefully and press it flat each time you add a new layer or set of pieces. By doing this you will ensure that each piece creases and settles into its proper place without catching on or distorting other pieces.

COMMENT ASSEMBLER CHAQUE SCENE

1. Marquez le pli le long des lignes où figurent les symboles:

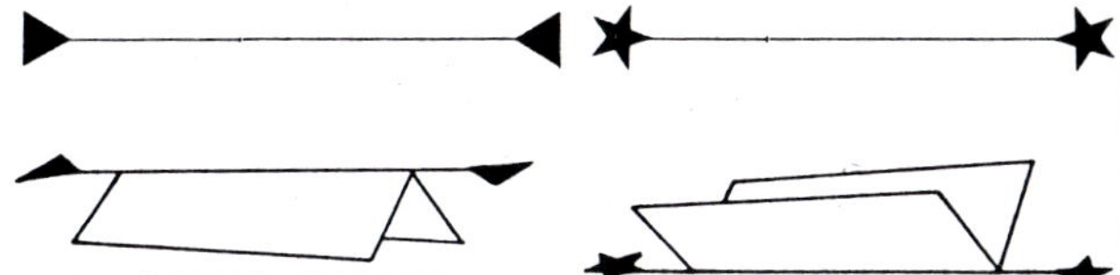

ET PLIEZ EN RABATTANT VERS L'AVANT

ET PLIEZ EN RABATTANT VERS L'ARRIERE

2. Pliez comme indiqué
Pli en forme de toit. Pliez en rabattant vers le bas.
Pli en forme de V.' Pliez en rabattant vers le haut.

3. Découpez avec précision

POSITION OF PIECES	POSITION DES PIECES

4. Pour chaque scène il y a un plan qui indique la position de chacune des pièces. Commencez par la pièce No.1, puis No.2, et ainsi de suite. A chaque lettre sur la base ou sur toute autre pièce correspond une lettre sur les onglets. Les coller par ordre alphabétique.

A COLLER AU DOS D'UNE PIECE

5. Certains onglets n'ont pas de lettre leur correspondant sur les bases. Si vous ne savez où les coller, des lignes noires sur les bases sont là pour vous aider.

6. Lors de l'assemblage d'une scène, refermez doucement le livre, posez-le à plat et appuyez dessus à chaque fois que vous ajoutez une ou plusieurs pièces. Grâce à cela, chaque pièce sera bien placée et se redressera facilement sans gêner le fonctionnement des autres.

HOW TO MAKE THE MINI POP-UPS

The instructions and symbols for making the mini pop-ups **are** the same as those for the main scenes except for these two situations.

(a)

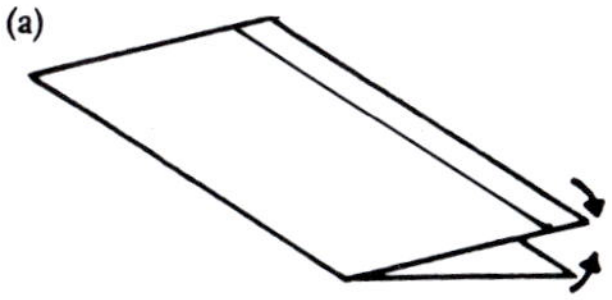

(b)

BASE

(a) These mini pop-ups include covers which are glued back to back. Check how it will be completed before starting to glue.

(b) These sketches show the side views of the tableaux mini pop-ups when upright and when half-closed. Note how the small support is parallel to the base. It will fold completely flat.

COMMENT FAIRE LES MINI-SCENES 'POP-UP'.

Les recommandations et les symboles pour la réalisation sont les mêmes que pour les scènes principales, sauf dans les deux situations ci-dessous:

a)

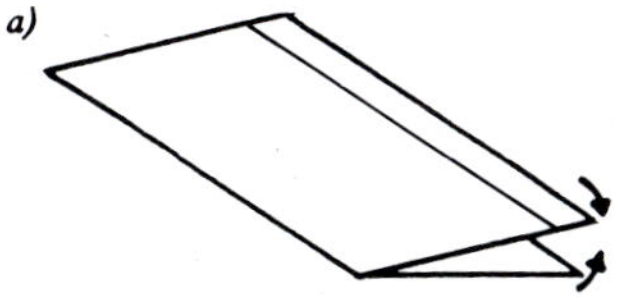

b)

BASE

a) Ces mini-scènes 'pop-up' incluent des couvertures à coller dos à dos. Vérifiez l'assemblage avant de coller.

b) Ces croquis montrent une vue de côté des mini-scènes 'pop-ups', droites et à demi-redressées. Remarquez que le petit support est parallèle à la base, ainsi elles peuvent se plier bien à plat.

NAPOLEON

Everywhere in Paris there are reminders of his victories and achievements. He attended military school in Paris and soon distinguished himself on the field of battle. He became a general and then after a series of dazzling victories took charge first of the army, then in 1799 of the Government itself. As 'First Consul' he set out to reorganize the country . He simplified the law and administration, supported science and the arts, encouraged trade and industry, brought back catholicism and produced reforms which have lasted to the present day. In 1804 he crowned himself Emperor of France. Although he won many military victories and for a while ruled most of Europe, he was unable to defeat the British navy and gradually resistance to him grew. After the disastrous expedition to Moscow in 1812 and a defeat at Leipzig in 1813, he was forced to abdicate in 1814. He was exiled to Elba, but escaped and for 100 days was able to rally the army. Finally he was defeated at Waterloo in 1815 and then exiled to St Helena.

Partout dans Paris, on trouve des témoignages des victoires de Napoléon. Après avoir fait l'Ecole de Brienne, il se distingua sur de nombreux champs de bataille. Il fut nommé Général, et après quelques victoires éblouissantes, prit le commandement de l'Armée. En 1799, devenu 'Premier Consul', il réorganisa le pays. Il simplifia les lois, aida les arts et les sciences, stimula le commerce et l'industrie, rattacha l'église catholique à l'état, et fit des réformes qui sont encore en vigueur aujourd'hui. En 1804, il se fit couronner Empereur des Français. Bien qu'il remportât de nombreuses victoires militaires et qu'il régnât à un moment sur presque toute l'Europe, il ne fut pas en mesure de vaincre la marine britannique. De plus en plus ses adversaires ébranlèrent sa puissance. Après les désastres de la Campagne de Russie en 1812 et la défaite de Leipzig en 1813, il dut abdiquer en 1814. Il fut exilé à l'Ile d'Elbe, réussit à s'enfuir, et durant cent jours rallia son armée. Vaincu à Waterloo en 1815, il fut exilé à Sainte Hélène.

ARC DE TRIOMPHE DU CARROUSEL

This smaller arch was completed in 1808 to celebrate Napoleon's victories in the campaigns of 1805. It stands in the Place du Carrousel astride the 'Triumphal Way', which leads in an absolutely straight line from the large Arc de Triomphe to the Louvre Palace. Through the arch there is a fine view along this line, clearly taking in the obelisk in the Place de la Concorde.

Cet Arc de Triomphe fut élevé en 1808 en l'honneur des victoires de Napoléon lors des campagnes de 1805. Situé place du Carrousel, il enjambe la "Voie Triomphale" qui mène en ligne droite du grand Arc de Triomphe au Louvre. Depuis cet endroit, la perspective sur l'Obélisque de la Place de la Concorde est remarquable.

L'HOTEL DES INVALIDES

Napoleon died in 1821 while still in exile in St.Helena, a remote island in the South Atlantic. He was buried there, but 19 years later his coffin was exhumed so that it could be brought back to France. When it was opened, his body was found to be still perfectly preserved. There was a moving ceremony, witnessed by huge crowds, when he was carried through the streets of Paris in a golden hearse. He was placed in the chapel of St.Jerome until a fitting tomb could be constructed. This took 21 years. Finally he was laid to rest within six coffins under the dome of the church of 'Les Invalides' which is illustrated opposite. His grave was marked with a funerary monument of red porphyry, the material used for Roman Emperors. It is a remarkable setting for a remarkable man.

Napoléon mourut et fut enterré en 1821 en exil à Sainte Hélène, une île lointaine de l'Atlantique sud. Dix-neuf ans plus tard, il fut exhumé, et de retour en France le cercueil fut ouvert, on découvrit que le corps était parfaitement préservé. Sous le regard d'une foule immense, lors d'une cérémonie émouvante, il fut porté à travers Paris sur un char funèbre recouvert d'or. L'édification de son tombeau aux Invalides dura vingt et un ans pendant lesquels son corps fut placé dans la Chapelle St Jean. Il repose depuis, protégé par six cercueils, sous le dôme 'des Invalides'. (Voir page de droite). Son monument funéraire, comme ceux des Empereurs romains, est fait de porphyre rouge. C'est une sépulture remarquable pour un homme exceptionnel.